# INDICE

**Fase 1: Básico**

1. Introdução à Inteligência Artificial
2. IA na Saúde
3. Fundamentos de Machine Learning
4. Ferramentas e Recursos Básicos

**Fase 2: Intermediário**

5. Algoritmos de Machine Learning na Saúde
6. Processamento de Linguagem Natural (NLP)
7. Ética e IA na Saúde
8. Implementação de Projetos de IA

**Fase 3: Avançado**

9. Deep Learning na Saúde
10. IA em Diagnóstico e Terapia Personalizada
11. IA em Pesquisa Clínica
12. Futuro da IA na Saúde
13. Empresas que estão desenvolvendo IA, para diagnósticos por Imagem

## Capítulo 1: Introdução à Inteligência Artificial

Definição de IA: Exploraremos o que é inteligência artificial, sua história e evolução ao longo do tempo, e como ela se aplica ao campo da saúde.

Tipos de IA: Abordaremos diferentes tipos de inteligência artificial, como machine learning, processamento de linguagem natural e visão computacional.

Aplicações em Saúde: Discutiremos exemplos concretos de como a IA está sendo usada na área da saúde, desde diagnósticos médicos até gestão de saúde populacional.

### Definição de IA

A Inteligência Artificial (IA) refere-se à simulação de processos de inteligência humana por máquinas, especialmente sistemas de computador. Esses processos incluem aprendizado (aquisição de informações e regras para usar as informações), raciocínio (usando regras para chegar a conclusões aproximadas ou definitivas) e autocorreção. IA pode ser dividida em duas categorias: IA estreita (ou fraca), que é projetada para realizar uma tarefa específica, e IA geral (ou forte), que possui capacidade de realizar qualquer tarefa cognitiva humana.

### História e Evolução da IA

Desde os primeiros dias dos computadores digitais na década de 1940, cientistas exploraram a possibilidade de máquinas pensarem. Alan Turing, em 1950, introduziu o famoso Teste de Turing como uma forma de medir a inteligência de uma máquina. Nas décadas seguintes, avanços em hardware e software, juntamente com a disponibilidade de grandes volumes de dados, levaram ao desenvolvimento de algoritmos de aprendizado mais sofisticados, estabelecendo a base para a IA moderna.

## Aplicações Tradicionais e Modernas da Inteligência Artificial

A inteligência artificial (IA) tem desempenhado um papel cada vez mais importante em uma ampla variedade de setores, tanto em aplicações tradicionais quanto em soluções modernas inovadoras. Neste capítulo, exploraremos as
diversas maneiras pelas quais a IA está sendo aplicada em várias áreas, desde jogos e robótica até saúde, finanças, transporte e muito mais.

Jogos: A IA tem sido uma presença marcante na indústria de jogos por décadas. Desde os primeiros dias dos videogames, a IA tem sido usada para criar personagens não jogáveis (NPCs) inteligentes, adversários desafiadores e sistemas de tomada de decisão complexos. Além disso, a IA é frequentemente usada para otimizar a experiência do jogador, personalizando níveis de dificuldade, fornecendo dicas e sugestões e até mesmo criando conteúdo proceduralmente gerado.

Robótica: Em robótica, a IA desempenha um papel crucial na capacidade dos robôs de perceber, entender e interagir com o mundo ao seu redor. Desde robôs industriais que automatizam tarefas de fabricação até robôs de serviço que auxiliam em tarefas domésticas e de assistência médica, a IA permite que os robôs sejam mais adaptáveis, eficientes e autônomos.

Saúde: Na área da saúde, a IA está revolucionando a forma como os cuidados de saúde são prestados e recebidos. Desde sistemas de diagnóstico assistido por IA que ajudam os médicos a identificar doenças e condições médicas com maior precisão até algoritmos de triagem de pacientes que ajudam a priorizar casos urgentes, a IA está melhorando a eficiência, a precisão e a acessibilidade dos cuidados de saúde.

Finanças: No setor financeiro, a IA é amplamente utilizada para análise de dados, previsão de mercado, detecção de fraudes, gerenciamento de riscos e operações comerciais automatizadas. Algoritmos de IA podem analisar grandes volumes de dados em tempo real, identificar padrões e tendências, e tomar decisões comerciais rápidas e precisas que ajudam as instituições financeiras a maximizar lucros e minimizar riscos.

Transporte: No transporte, a IA está impulsionando avanços significativos em veículos autônomos, sistemas de gerenciamento de tráfego, logística e planejamento de rotas. Algoritmos de IA podem processar dados de sensores e câmeras em tempo real, interpretar sinais de trânsito, identificar obstáculos e tomar decisões de direção seguras e eficiente

Estes são apenas alguns exemplos notáveis das aplicações tradicionais e modernas da IA em várias áreas. À medida que a tecnologia continua a evoluir, podemos esperar ver ainda mais inovações e avanços emocionantes que

aproveitam o poder da inteligência artificial para resolver problemas complexos e melhorar nossas vidas em todos os aspectos

**Capítulo 2: IA na Saúde**

**Aplicações de IA na Saúde**

IA está revolucionando a saúde ao possibilitar diagnósticos mais rápidos e precisos, tratamentos personalizados e gestão eficiente de recursos. Exemplos incluem:

Diagnóstico Assistido: Ferramentas de IA analisam imagens médicas, como

radiografias e ressonâncias magnéticas, para identificar doenças precocemente.

Monitoramento de Pacientes: Dispositivos wearable monitoram sinais vitais e alertam os profissionais de saúde sobre possíveis problemas.

Pesquisa Médica: Algoritmos de IA processam grandes volumes de dados de pesquisa para identificar novos tratamentos e entender melhor as doenças.

**Exemplos Reais**

Google Health: Utiliza IA para analisar imagens de retina, ajudando na detecção precoce de retinopatia diabética.

IBM Watson: Ajuda oncologistas a desenvolver planos de tratamento personalizados com base em enormes volumes de dados médicos e literatura científica.

**Atividade Prática:**

Estudo de Caso: Apresentar um estudo de caso detalhado e pedir aos leitores que identifiquem os benefícios e desafios da implementação da IA no cenário apresentad

VINICIUSMOURA

## Capítulo 2: IA na Saúde

Potencial Transformador da IA na Saúde: Analisaremos como a IA está revolucionando a indústria da saúde, desde diagnósticos mais precisos até tratamentos mais personalizados e eficazes, destacando casos de uso específicos e estudos de caso inspiradores.

Desafios e Considerações Éticas: Abordaremos os desafios éticos, legais e sociais associados ao uso da IA na saúde, incluindo questões de privacidade dos pacientes, viés algorítmico, responsabilidade legal e equidade no acesso aos
cuidados de saúde.

Tendências Futuras: Exploraremos as tendências emergentes na interseção entre IA e saúde, como telemedicina, diagnóstico por imagem avançado, assistência médica virtual e medicina personalizada, prevendo como essas tendências
moldarão o futuro da assistência médica.

## Capítulo 3: Fundamentos de Machine Learning

No capítulo sobre Fundamentos de Machine Learning, mergulharemos
profundamente nos conceitos essenciais dessa área fascinante, fornecendo uma compreensão abrangente das técnicas e algoritmos fundamentais.

**Conceitos Básicos de Machine Learning**

Machine Learning é uma disciplina complexa que se baseia em uma variedade de algoritmos e técnicas. Para entender completamente seus princípios, é essencial compreender os três principais tipos de aprendizado:

Aprendizado Supervisionado: Aqui, os algoritmos são treinados em um conjunto de dados rotulados, onde cada exemplo de entrada está associado a uma saída desejada. Exploraremos diferentes algoritmos de aprendizado supervisionado, como regressão linear, regressão logística, árvores de decisão, k-vizinhos mais próximos, entre outros.

Aprendizado Não Supervisionado: Neste tipo de aprendizado, os algoritmos tentam identificar padrões ou estruturas em conjuntos de dados não rotulados. Discutiremos técnicas de clustering, como k-means e hierárquico, e redução de dimensionalidade, como PCA e t-SNE, mostrando como essas técnicas podem ser aplicadas em problemas do mundo real.

Aprendizado por Reforço: Exploraremos algoritmos de aprendizado por reforço, como Q-Learning e algoritmos genéticos, que aprendem a tomar decisões
sequenciais em um ambiente dinâmico, recebendo feedback baseado no desempenho de suas ações.

**Importância dos Dados**

Os dados são a espinha dorsal do Machine Learning. Sem dados de alta qualidade e em quantidade suficiente, os modelos de ML não podem aprender padrões significativos. Analisaremos em detalhes a importância da coleta e preparação de dados, abordando questões como limpeza de dados, tratamento de valores ausentes, codificação de variáveis categóricas e escalonamento de recursos.

**Atividade Prática: Mini-Projeto**
Para consolidar os conceitos aprendidos, proporemos aos leitores um mini- projeto prático que os desafiará a aplicar seus conhecimentos em um contexto real. Os leitores serão solicitados a:
Objetivo: Coletar um pequeno conjunto de dados de saúde (de fontes públicas ou fornecidas) e prepará-los para análise.

**Passos Sugeridos:**
Escolher um tema de saúde de interesse e encontrar um conjunto de dados relevante.
Analisar os dados em busca de problemas de qualidade, como valores ausentes, outliers ou inconsistências.
Realizar a limpeza de dados, tratando os problemas identificados e preparando os dados para análise.
Documentar o processo de limpeza e preparar uma análise exploratória dos dados.
Essa atividade prática permitirá aos leitores aplicar seus conhecimentos em um contexto real, preparando-os para enfrentar desafios do mundo real em projetos de Machine Learning.

## Capítulo 4: Ferramentas e Recursos Básicos

Neste capítulo, vamos explorar as ferramentas e recursos essenciais para quem está ingressando no mundo do Machine Learning. Vamos nos aprofundar em
diversas plataformas, bibliotecas e comunidades que são fundamentais para o desenvolvimento de projetos de ML.

### Ambientes de Desenvolvimento Integrado (IDEs)

Os ambientes de desenvolvimento integrado desempenham um papel crucial no desenvolvimento de projetos de Machine Learning. Abordaremos os seguintes IDEs:

Jupyter Notebooks: Exploraremos as vantagens dos Jupyter Notebooks para prototipagem rápida, visualização de dados e compartilhamento de resultados. Discutiremos também a integração de Notebooks com ambientes de computação em nuvem, como Google Colab e Microsoft Azure Notebooks.

PyCharm: Abordaremos as características do PyCharm, um IDE popular entre os desenvolvedores Python, destacando suas ferramentas de depuração, suporte a versionamento de código e integração com frameworks de Machine Learning.

Visual Studio Code (VSCode): Discutiremos as extensões disponíveis para Machine Learning no VSCode, como Python, Jupyter e Git, mostrando como configurar um ambiente de desenvolvimento eficiente para projetos de ML.

### Bibliotecas e Frameworks de Machine Learning

As bibliotecas e frameworks de Machine Learning são ferramentas essenciais para o desenvolvimento de modelos de ML. Abordaremos as seguintes:

TensorFlow e Keras: Exploraremos o TensorFlow, um dos frameworks mais populares para desenvolvimento de modelos de ML e Deep Learning, juntamente com a biblioteca de alto nível Keras, que facilita a construção e treinamento de redes neurais.

Scikit-learn: Abordaremos o Scikit-learn, uma biblioteca de Machine Learning em Python que oferece uma ampla variedade de algoritmos de classificação, regressão, clustering e pré-processamento de dados.

PyTorch: Discutiremos o PyTorch, um framework de Deep Learning desenvolvido pelo Facebook, destacando sua flexibilidade, facilidade de uso e comunidade ativa.

**Comunidades e Fóruns Online**

As comunidades e fóruns online desempenham um papel crucial no aprendizado e no desenvolvimento contínuo de habilidades em Machine Learning.

Abordaremos as seguintes comunidades:

Stack Overflow: Destacaremos a importância do Stack Overflow para obter ajuda rápida e solucionar problemas específicos de programação em Python e Machine Learning.

GitHub: Exploraremos como o GitHub pode ser usado para colaborar em projetos de código aberto, compartilhar modelos de ML e contribuir para bibliotecas e frameworks de código aberto.

Kaggle: Discutiremos a plataforma Kaggle, conhecida por suas competições de Machine Learning, conjuntos de dados públicos e kernels que permitem explorar e visualizar dados, bem como compartilhar análises e modelos com a comunidade.

**Cursos e Recursos de Aprendizado**

Por fim, abordaremos diversos cursos online, tutoriais e livros recomendados para aqueles que desejam aprender Machine Learning, incluindo:

Coursera: Destacaremos cursos populares, como "Machine Learning" de Andrew Ng e "Deep Learning Specialization" da deeplearning.ai.

Udemy: Abordaremos cursos práticos e acessíveis, como "Python for Data Science and Machine Learning Bootcamp" e "Machine Learning A-Z™: Hands-On Python & R In Data Science".

Livros: Recomendaremos livros essenciais, como "Introduction to Machine
Learning with Python" de Andreas C. Müller e Sarah Guido, e "Deep Learning" de Ian Goodfellow, Yoshua Bengio e Aaron Courville.

## 5. Algoritmos de Machine Learning na Saúde

A aplicação de algoritmos de Machine Learning na área da saúde tem se mostrado cada vez mais promissora, oferecendo insights valiosos para o diagnóstico, prognóstico e tratamento de doenças. Neste contexto, é essencial entender os
diferentes tipos de algoritmos e suas aplicações específicas.

**Introdução aos Algoritmos Supervisionados:**
Os algoritmos supervisionados são aqueles que aprendem a partir de um conjunto de dados rotulados, ou seja, onde as entradas estão associadas a saídas conhecidas. Entre os principais algoritmos supervisionados aplicados na saúde, destacam-se:

Regressão Logística: Este método é amplamente utilizado para prever a probabilidade de ocorrência de um evento binário com base em uma ou mais variáveis independentes. Na saúde, a regressão logística é frequentemente usada para prever a probabilidade de uma doença com base em fatores de risco conhecidos.

Árvores de Decisão: As árvores de decisão são modelos que dividem o espaço de entrada em regiões distintas, com base em características dos dados. Na área da saúde, elas são empregadas para apoiar decisões clínicas, como a escolha de tratamentos adequados com base em características individuais dos pacientes.

Random Forest: Este é um método de aprendizado de conjunto que combina várias árvores de decisão para obter uma predição mais precisa e robusta. Na saúde, o Random Forest é utilizado em tarefas como classificação de imagens médicas e previsão de desfechos clínicos.

Redes Neurais Artificiais (ANN): As redes neurais são modelos computacionais inspirados no funcionamento do cérebro humano, compostos por camadas de neurônios interconectados. Na área da saúde, as ANN são aplicadas em uma variedade de tarefas, incluindo análise de sinais biomédicos, diagnóstico de doenças e previsão de resultados de tratamento.

**Algoritmos Não Supervisionados:**
Ao contrário dos algoritmos supervisionados, os algoritmos não supervisionados exploram padrões nos dados sem a necessidade de rótulos de saída. Na área da saúde, eles são frequentemente empregados para descobrir grupos de pacientes com características semelhantes ou para reduzir a dimensionalidade dos dados. Dois dos principais algoritmos não supervisionados são:

Clustering: Esta técnica agrupa dados em clusters ou grupos com base em sua similaridade, permitindo identificar subpopulações de pacientes com características clínicas comuns. Na prática clínica, o clustering pode ser usado para segmentar pacientes com base em seus perfis genéticos ou padrões de sintomas.

Redução de Dimensionalidade: Este método visa reduzir o número de variáveis em um conjunto de dados, preservando ao mesmo tempo as informações essenciais.

Na saúde, a redução de dimensionalidade é útil para lidar com conjuntos de

dados complexos, como imagens médicas de alta resolução, tornando-os mais fáceis de processar e analisar.

**Conclusão:**
Os algoritmos de Machine Learning oferecem um vasto arsenal de ferramentas para análise de dados na área da saúde, permitindo insights significativos que podem melhorar o diagnóstico, o tratamento e o gerenciamento de doenças. Com uma compreensão sólida desses algoritmos e de suas aplicações, os profissionais de saúde podem aproveitar todo o potencial da análise de dados para melhorar a qualidade do atendimento ao paciente e impulsionar avanços na medicina.

**6. Processamento de Linguagem Natural (NLP)**
O Processamento de Linguagem Natural (NLP) é uma área da inteligência artificial que tem ganhado destaque na área da saúde devido à sua capacidade de analisar e compreender dados textuais, como registros médicos, relatórios de exames e

literatura científica. Vamos explorar de forma acadêmica como o NLP está sendo aplicado na saúde e suas implicações.

**Introdução ao Processamento de Linguagem Natural (NLP):**

O NLP é uma disciplina interdisciplinar que combina conhecimentos em linguística, ciência da computação e inteligência artificial para permitir que computadores entendam, interpretem e gerem linguagem humana de maneira eficaz. Na área da saúde, o NLP é usado para extrair informações úteis de uma variedade de fontes de texto, como:

Registros Eletrônicos de Saúde (EHRs): Os registros eletrônicos de saúde contêm uma riqueza de informações sobre os pacientes, incluindo histórico médico,

diagnósticos, tratamentos e resultados de exames. O NLP pode ser usado para extrair e estruturar essas informações de forma automatizada, facilitando a análise clínica e a tomada de decisões médicas.

Literatura Científica: A literatura médica é uma fonte vital de conhecimento para profissionais de saúde e pesquisadores. O NLP pode ser aplicado para analisar e resumir grandes volumes de artigos científicos, identificar tendências e

descobertas importantes e até mesmo auxiliar na descoberta de novos tratamentos e terapias.

**Técnicas e Aplicações de NLP na Saúde:**

Existem várias técnicas de NLP que são aplicadas na área da saúde para diferentes finalidades. Algumas das principais técnicas incluem:

Tokenização: Processo de dividir o texto em unidades significativas, como palavras ou frases.

Lematização e Stemming: Técnicas para reduzir palavras à sua forma básica, facilitando a análise e comparação.

Análise Sintática e Semântica: Identificação da estrutura gramatical e do significado das sentenças.

Modelagem de Tópicos: Identificação de temas e padrões recorrentes em conjuntos de documentos.

Análise de Sentimentos: Determinação do sentimento ou opinião expressa em um texto.

Essas técnicas são aplicadas em uma variedade de áreas na saúde, incluindo:

Diagnóstico Assistido por Computador: O NLP pode ser usado para analisar relatórios de exames e registros médicos para ajudar os médicos no diagnóstico de doenças, identificação de sintomas e interpretação de resultados de exames.

Pesquisa Clínica e Descoberta de Conhecimento: O NLP pode ser aplicado para analisar grandes volumes de literatura médica e identificar padrões, tendências e associações entre condições de saúde, tratamentos e resultados.

Assistência Virtual e Interação Paciente-Médico: Chatbots e assistentes virtuais baseados em NLP podem fornecer informações médicas personalizadas, responder a perguntas dos pacientes e ajudar na triagem de sintomas.

**Desafios e Considerações Éticas:**

Apesar dos avanços significativos, o uso de NLP na saúde também apresenta desafios e considerações éticas. Alguns dos principais desafios incluem:

Privacidade e Segurança dos Dados: O uso de dados de saúde sensíveis levanta preocupações sobre privacidade e segurança, exigindo medidas robustas de proteção de dados e conformidade com regulamentações, como o HIPAA nos Estados Unidos e o GDPR na União Europeia.

Viés e Interpretabilidade: Algoritmos de NLP podem ser suscetíveis a viés e interpretações errôneas, destacando a importância de avaliar e entender as limitações dos modelos de NLP.

Responsabilidade e Transparência: Os desenvolvedores de sistemas de NLP na saúde devem ser transparentes sobre como os modelos são treinados e quais dados são utilizados, garantindo a responsabilidade e a prestação de contas.

**Conclusão:**

O Processamento de Linguagem Natural oferece um vasto potencial para transformar a maneira como os dados textuais são usados na área da saúde. Com uma compreensão sólida das técnicas e aplicações de NLP, os profissionais de saúde podem aproveitar todo o potencial da análise de texto para melhorar a qualidade do atendimento ao paciente, impulsionar a pesquisa médica e promover avanços na medicina.

## 7. Ética e IA na Saúde

A integração da Inteligência Artificial (IA) na área da saúde tem potencializado significativamente as capacidades de diagnóstico, tratamento e cuidados
médicos. No entanto, junto com os benefícios, surgem também questões éticas complexas que exigem uma análise cuidadosa e ponderada. Neste contexto, vamos explorar de forma acadêmica as implicações éticas da IA na saúde.

**Introdução à Ética e IA na Saúde:**
A ética na IA em saúde envolve a consideração de princípios fundamentais, como beneficência, não maleficência, justiça e autonomia, à medida que
desenvolvemos e implementamos sistemas de IA na prática clínica. Devemos garantir que a utilização dessas tecnologias promova o bem-estar dos pacientes, respeite sua autonomia e integridade, e contribua para a equidade no acesso aos cuidados de saúde.

**Desafios Éticos na Utilização de IA na Saúde:**
Privacidade e Segurança dos Dados: A coleta e o processamento de grandes volumes de dados de saúde levantam preocupações significativas sobre privacidade e segurança. Os sistemas de IA devem ser projetados com medidas robustas de proteção de dados para garantir a confidencialidade e a integridade das informações do paciente.

Viés Algorítmico: Os algoritmos de IA podem reproduzir e até ampliar viés existentes nos dados de treinamento, resultando em disparidades injustas no
diagnóstico e tratamento de diferentes grupos de pacientes. É essencial avaliar e mitigar o viés algorítmico para garantir a equidade e a justiça na prestação de cuidados de saúde.

Interpretabilidade e Transparência: A falta de transparência nos algoritmos de IA pode dificultar a compreensão de como as decisões são tomadas, tornando difícil para os profissionais de saúde e pacientes entenderem e confiarem nos resultados. A interpretabilidade dos modelos de IA é crucial para garantir a responsabilidade e a prestação de contas.

Relação Médico-Paciente: A integração de sistemas de IA na prática clínica levanta questões sobre como isso afetará a relação médico-paciente. Os profissionais de saúde devem assegurar que a IA complemente, e não substitua, a expertise e o julgamento clínico humano, preservando a confiança e o cuidado individualizado.

**Diretrizes Éticas para o Desenvolvimento e Implementação de IA na Saúde:**

Respeito pela Autonomia do Paciente: Os sistemas de IA devem ser desenvolvidos com o objetivo de capacitar os pacientes, fornecendo informações e suporte para que possam tomar decisões informadas sobre sua saúde.

Equidade e Justiça: Devemos garantir que a utilização de IA na saúde promova a equidade no acesso aos cuidados de saúde e reduza disparidades existentes, em vez de ampliá-las.

Responsabilidade e Transparência: Os desenvolvedores de sistemas de IA na saúde devem ser transparentes sobre como os algoritmos são projetados, treinados e avaliados, garantindo a responsabilidade e a prestação de contas.

Beneficência e Não Maleficência: Os sistemas de IA devem ser projetados para maximizar os benefícios e minimizar os danos para os pacientes, evitando ações que possam causar dano ou sofrimento desnecessário.

**Conclusão:**

A integração ética da IA na área da saúde requer uma abordagem cuidadosa e colaborativa, envolvendo profissionais de saúde, pesquisadores, desenvolvedores de tecnologia e comunidades de pacientes. Ao considerarmos os princípios éticos fundamentais e os desafios específicos da IA na saúde, podemos aproveitar todo o potencial dessas tecnologias para melhorar a qualidade e a acessibilidade dos cuidados de saúde, ao mesmo tempo em que protegemos os direitos e a
dignidade dos pacientes.

## 8. Implementação de Projetos de IA

A implementação de projetos de Inteligência Artificial (IA) na área da saúde apresenta desafios únicos que exigem uma compreensão profunda dos processos clínicos, requisitos regulatórios e considerações éticas. Vamos explorar de forma acadêmica os principais aspectos envolvidos na implementação bem-sucedida de projetos de IA na saúde.

**Introdução à Implementação de Projetos de IA na Saúde:**
A implementação de projetos de IA na saúde envolve uma série de etapas, desde a definição do problema até a avaliação e implantação do modelo. É fundamental adotar uma abordagem interdisciplinar, envolvendo profissionais de saúde, cientistas de dados, engenheiros de software e especialistas em ética, para garantir o sucesso do projeto.

**Etapas da Implementação de Projetos de IA na Saúde:**
Definição do Problema: O primeiro passo é identificar um problema clínico específico que possa se beneficiar do uso de IA, como diagnóstico de doenças, triagem de pacientes ou personalização de tratamentos. É importante envolver os profissionais de saúde desde o início para garantir que o problema seja bem
definido e relevante para a prática clínica.

Coleta e Preparação de Dados: A qualidade e a quantidade dos dados são
fundamentais para o sucesso de um projeto de IA. Os dados devem ser coletados de fontes confiáveis, como registros eletrônicos de saúde (EHRs) e imagens
médicas, e preparados adequadamente para o treinamento do modelo, incluindo limpeza, normalização e anonimização, quando necessário.

Desenvolvimento do Modelo: Com os dados preparados, é hora de desenvolver o modelo de IA. Isso envolve a seleção e o treinamento do algoritmo adequado, a validação do modelo em conjuntos de dados de teste e a otimização dos hiperparâmetros para garantir o desempenho máximo.

Avaliação do Modelo: Uma vez desenvolvido, o modelo deve ser rigorosamente avaliado para garantir sua eficácia e segurança. Isso pode incluir testes de validação cruzada, avaliação de métricas de desempenho (como precisão, sensibilidade e especificidade) e análise de viés e interpretabilidade.

Implantação e Integração: Após a avaliação bem-sucedida do modelo, ele pode ser implantado em um ambiente clínico real. Isso geralmente envolve a integração do modelo com sistemas de informação em saúde (HIS) existentes, garantindo a interoperabilidade e a usabilidade para os profissionais de saúde.

Monitoramento e Manutenção: Uma vez em operação, o modelo deve ser continuamente monitorado e atualizado para garantir sua eficácia ao longo do tempo. Isso pode incluir a monitorização de métricas de desempenho em tempo real, a identificação de drift de dados e a realização de ajustes no modelo, conforme necessário.

**Desafios na Implementação de Projetos de IA na Saúde:**

Qualidade dos Dados: A qualidade e a integridade dos dados são fundamentais para o sucesso de um projeto de IA. A falta de dados de alta qualidade e representativos pode comprometer a precisão e a confiabilidade do modelo.

Requisitos Regulatórios e de Conformidade: A implementação de projetos de IA na saúde está sujeita a uma série de regulamentações e padrões de conformidade, como o HIPAA nos Estados Unidos e o GDPR na União Europeia. Garantir a conformidade com esses requisitos é essencial para proteger a privacidade e a segurança dos dados do paciente.

Aceitação e Adoção Clínica: A adoção de novas tecnologias pelos profissionais de saúde pode ser um desafio, especialmente se não houver uma compreensão clara dos benefícios e limitações da IA. É importante envolver os profissionais de saúde desde o início do projeto e fornecer treinamento e suporte adequados para garantir sua aceitação e adoção.

VINICIUSMOURA

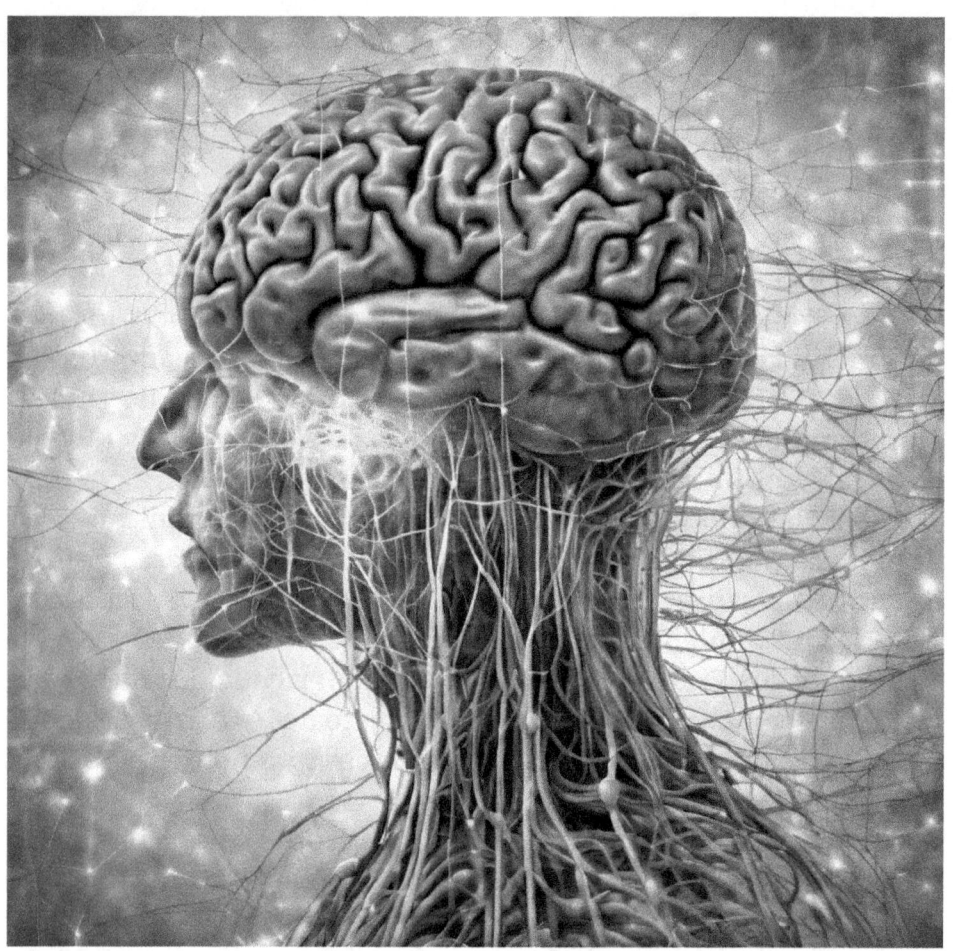

Ética e Responsabilidade: A implementação de IA na saúde levanta uma série de questões éticas e legais, como privacidade, viés algorítmico e responsabilidade pelos resultados do modelo. É essencial abordar essas questões de forma proativa e garantir que os modelos sejam desenvolvidos e implementados de maneira ética e responsável.

**Conclusão:**

A implementação de projetos de IA na saúde oferece oportunidades significativas para melhorar a eficiência, precisão e qualidade dos cuidados de saúde. No entanto, é crucial abordar os desafios únicos associados a esses projetos, desde a coleta e preparação de dados até a integração e manutenção do modelo em um ambiente clínico real. Com uma abordagem cuidadosa e colaborativa, podemos aproveitar todo o potencial da IA para impulsionar avanços na medicina e melhorar o bem-estar dos pacientes.

**9. Deep Learning na Saúde:**

Deep Learning, uma disciplina de Inteligência Artificial, tem ganhado destaque na área da saúde devido à sua capacidade de aprender representações complexas de dados. Essa técnica utiliza redes neurais profundas para extrair características intrincadas e realizar tarefas sofisticadas, como diagnóstico médico, previsão de resultados clínicos e análise de imagens médicas.

As redes neurais convolucionais (CNNs) têm sido amplamente utilizadas para análise de imagens médicas, como ressonância magnética (MRI), tomografia computadorizada (CT) e radiografias. Esses modelos podem identificar anomalias e auxiliar os médicos na interpretação de exames, aumentando a precisão e a eficiência do diagnóstico.

Além disso, as redes neurais recorrentes (RNNs) têm sido aplicadas na análise de séries temporais de dados, como sinais vitais e registros de eletrocardiograma

(ECG). Esses modelos podem detectar padrões sutis e ajudar na detecção precoce de condições médicas, possibilitando intervenções mais rápidas e eficazes.

## 10. IA em Diagnóstico e Terapia Personalizada:

A Inteligência Artificial tem desempenhado um papel fundamental no avanço da medicina personalizada, permitindo que os médicos adaptem os tratamentos de acordo com as características individuais de cada paciente. Algoritmos de IA analisam uma variedade de dados, incluindo genômica, proteômica e dados clínicos, para identificar padrões únicos e orientar decisões de tratamento.

Por exemplo, algoritmos de IA podem analisar o perfil genético de um paciente para prever sua resposta a determinados medicamentos ou terapias. Isso permite que os médicos selecionem o tratamento mais eficaz com base em informações personalizadas, melhorando os resultados clínicos e reduzindo potencialmente os efeitos colaterais.

Além disso, sistemas de IA podem monitorar continuamente a resposta do paciente ao tratamento e ajustar as terapias conforme necessário, garantindo uma abordagem adaptativa e personalizada ao cuidado de saúde. Isso pode levar a melhores resultados para os pacientes e uma utilização mais eficiente dos recursos de saúde.

## 11. IA em Pesquisa Clínica:

A Inteligência Artificial está transformando a pesquisa clínica, acelerando o processo de descoberta de novos tratamentos, identificando biomarcadores de doenças e otimizando ensaios clínicos. Algoritmos de IA analisam grandes conjuntos de dados, como registros eletrônicos de saúde, dados genômicos e resultados de testes clínicos, para identificar padrões e insights valiosos.

Esses modelos podem ser utilizados para prever a eficácia de tratamentos experimentais, ajudando os pesquisadores a selecionar os participantes mais adequados para ensaios clínicos e otimizar o design do estudo. Além disso, sistemas de IA podem automatizar tarefas tediosas, como revisão de literatura médica e análise de dados, liberando tempo para os pesquisadores se concentrarem em atividades mais criativas e estratégicas.

**12. Futuro da IA na Saúde:**

O futuro da Inteligência Artificial na saúde é promissor, com o potencial de revolucionar ainda mais a prática médica e melhorar os resultados dos pacientes. Prevê-se que avanços contínuos em técnicas de IA, como Deep Learning e Aprendizado por Reforço, permitam desenvolver sistemas ainda mais sofisticados e adaptáveis.

Espera-se que a IA desempenhe um papel central em áreas como medicina de precisão, diagnóstico precoce de doenças, tratamento personalizado e

descoberta de novos tratamentos. Além disso, espera-se que a IA promova uma maior eficiência nos cuidados de saúde, automatizando tarefas administrativas e reduzindo erros médicos.

No entanto, é importante reconhecer os desafios éticos e regulatórios associados à implementação de IA na saúde, incluindo questões de privacidade, viés algorítmico e responsabilidade dos sistemas de IA. Portanto, é essencial que os desenvolvedores, pesquisadores e profissionais de saúde trabalhem juntos para garantir que a IA seja implementada de forma ética, responsável e com foco no benefício do paciente.

**13. Empresas que estão desenvolvendo IA, para diagnósticos por Imagem**

1 **Aidoc**
- **Descrição**: Aidoc desenvolve soluções de IA que ajudam radiologistas a priorizar os casos mais críticos, aumentando a eficiência e a precisão dos diagnósticos.
- **Última Atualização**: Em 2023, Aidoc lançou um novo módulo de IA focado em detectar e priorizar casos de oclusão de grandes vasos (LVO) em pacientes com suspeita de AVC.
- **Valor de Capital**: Aproximadamente US$ 250 milhões (segundo a última rodada de financiamento em 2022).

- **Organização**: Fundada em 2016 e sediada em Tel Aviv, Israel. Aidoc é uma empresa privada e já levantou capital de várias rodadas de investimento de venture capital.

2. **Zebra Medical Vision**
   - **Descrição**: Zebra Medical Vision oferece um conjunto de ferramentas de diagnóstico por imagem baseadas em IA que podem detectar uma ampla gama de condições médicas.
   - **Última Atualização**: Em 2023, a empresa expandiu sua oferta com novos algoritmos para detectar doenças pulmonares crônicas após ser adquirida pela Nanox em 2021.
   - **Valor de Capital**: Estimada em cerca de US$ 200 milhões antes da aquisição pela Nanox.
   - **Organização**: Fundada em 2014 e sediada em Shefayim, Israel. Após a aquisição, opera como uma subsidiária da Nanox.

3. **Arterys**
   - **Descrição**: Arterys desenvolve plataformas de IA para análise de imagens médicas em nuvem, facilitando diagnósticos rápidos e precisos.
   - **Última Atualização**: Em 2023, anunciou uma parceria com a GE Healthcare para integrar suas ferramentas de IA.
   - **Valor de Capital**: Aproximadamente US$ 70 milhões (com base nas rodadas de financiamento até 2023).
   - **Organização**: Fundada em 2011 e sediada em San Francisco, Califórnia, EUA. Arterys é uma empresa privada com financiamento de venture capital.

4. **PathAI**
   - **Descrição**: PathAI está focada em melhorar a precisão e a eficiência do diagnóstico patológico através de IA.
   - **Última Atualização**: Recentemente colaborou com o Cleveland Clinic para desenvolver novos algoritmos para câncer de mama.
   - **Valor de Capital**: Aproximadamente US$ 255 milhões (segundo a última rodada de financiamento em 2021).
   - **Organização**: Fundada em 2016 e sediada em Boston, Massachusetts, EUA. PathAI é uma empresa privada com investimento de venture capital.

5. **Qure.ai**

- **Descrição**: Qure.ai desenvolve ferramentas de IA para a análise de raios-X e tomografias, visando diagnósticos mais acessíveis e precisos.
- **Última Atualização**: Recebeu aprovação do FDA em 2023 para seu software qXR.
- **Valor de Capital**: Aproximadamente US$ 60 milhões (com base em rodadas de financiamento até 2023).
- **Organização**: Fundada em 2016 e sediada em Mumbai, Índia. Qure.ai é uma empresa privada com financiamento de venture capital.

**6. Butterfly Network**
- **Descrição**: Butterfly Network criou um dispositivo de ultrassom portátil apoiado por IA que permite diagnósticos em tempo real.
- **Última Atualização**: Lançou a versão Butterfly iQ+ 2 em 2023.
- **Valor de Capital**: Avaliada em aproximadamente US$ 1,5 bilhões (após a abertura de capital via SPAC em 2021).
- **Organização**: Fundada em 2011 e sediada em Guilford, Connecticut, EUA. Butterfly Network é uma empresa pública listada na Bolsa de Valores de Nova York (NYSE).

**7. Viz.ai**
- **Descrição**: Viz.ai usa IA para ajudar na detecção precoce de AVCs através da análise de imagens de tomografia computadorizada.
- **Última Atualização**: Recebeu uma nova rodada de financiamento de US$ 100 milhões em 2023.
- **Valor de Capital**: Aproximadamente US$ 1,2 bilhões (com base na última rodada de financiamento em 2023).
- **Organização**: Fundada em 2016 e sediada em San Francisco, Califórnia, EUA. Viz.ai é uma empresa privada com financiamento de venture capital.

**Conclusão**

Essas empresas estão liderando a inovação em diagnósticos por imagem com IA, e seus valores de capital refletem o potencial e o impacto de suas tecnologias no setor de saúde. Cada uma delas possui uma organização robusta e tem atraído significativos investimentos para expandir suas capacidades e alcance global

www.ingramcontent.com/pod-product-compliance
Lightning Source LLC
Chambersburg PA
CBHW050255230526
45470CB00005B/2281